DATE DUE

MAR 2 2 2010

Pioneros de la Ciencia

CHARLES

DARWIN

y la Evolución

Steve Parker

CELESTE EDICIONES

Título original: Charles Darwin and Evolution
© Belitha Press Limited, 1992
Text © Steve Parker, 1991

Copyright © CELESTE EDICIONES, S. A.
Fernando VI, 8, 4.º. 28004 MADRID
Tel.: 310 05 99. Fax: 310 04 59

Primera edición en castellano, 1992
Primera reimpresión, 1995

Traducción: Jesús Greus Romero de Tejada

ISBN: 84-87553-14-1

Reconocimientos

Créditos fotográficos:
Bridgeman Art Librery, p. 5, 12 arriba,
    15, 16 arriba
Cambridge University Library en esta página
Bruce Coleman Limited, 13, 14 arriba,
    24 arriba
Edinburgh Photographic Library 6
E. l. Archive 20, 25
Mary Evans Picture Library 8, 11, 12 abajo,
    14 abajo, 15 dcha., 23
ICCE Photolibrary 27 izda.
Oxford Scientific Films Limitted 24 abajo
Science Photo Library 10 abajo Dr. Morley
Read, 27 dcha. Lawrence Livermore Laboratory

Imágenes del montaje de la cubierta
proporcionadas por Mary Evans
Picture Library y Ann Ronan Picture Library

Ilustraciones: Tony Smith 9, 19
Rodney Shackell 5, 8, 11, 17, 22

Impreso en China por Imago

Indice

Introducción

La teoría de la **evolución** es una de las ideas más importantes en el estudio de la naturaleza. Constituye el marco básico para los biólogos que estudian a los seres vivos. Nos ayuda a distribuir a las plantas y a los animales en grupos, así como a descubrir las relaciones que hay entre ellos. Nos sirve de guía para reflexionar acerca de por qué son los seres vivos como son y por qué actúan del modo que lo hacen. Da sentido a los **fósiles,** y es una parte vital de la búsqueda de los orígenes de la vida misma.

Sin embargo, hace menos de ciento cincuenta años, la idea de la evolución era casi desconocida. Muchos científicos del mundo occidental creían en las enseñanzas de la Biblia. Decían éstas que Dios había creado a las distintas **especies** de animales y de plantas, desde los tigres a las termitas, desde los árboles a las setas. Las especies no habían cambiado; eran ahora iguales que en el día de la creación.

Algunos científicos jugaban con la idea de que tal vez los animales y las plantas no habían sido siempre iguales. Podían cambiar, o evolucionar, a lo largo del tiempo, pero no podían explicar cómo sucedía esto.

Charles Darwin, un tímido **naturalista** inglés, lo hizo. Propuso que había una lucha por la existencia. Las plantas y los animales tenían más descendencia de la que podía sobrevivir. La propia naturaleza elegía, o seleccionaba, qué animales o plantas triunfaban en la lucha, y cuáles morían. Mediante este proceso continuado de selección natural, los animales y las plantas cambiaban gradualmente, o evolucionaban, para adaptarse mejor a su entorno. Algunas especies se extinguían por completo, mientras que otras nuevas aparecían.

Las ideas de Darwin originaron una revolución en la ciencia y en la sociedad. Desde entonces, han determinado el pensamiento de los biólogos y de otros científicos.

Shrewsbury, en Shropshire, Inglaterra, a mediados del siglo XIX. Esta apacible ciudad con mercado, a orillas del río Severn, fue la residencia de Charles Darwin hasta, aproximadamente, los dieciséis años, cuando la abandonó para asistir a la Escuela Médica de Edimburgo.

Capítulo Uno
Los primeros años

Charles Robert Darwin nació en Shrewsbury, Inglaterra, el 12 de febrero de 1809. Su padre, Robert, era médico, y su madre, Susannah, era hija de un famoso ceramista, Josiah Wedgwood. El abuelo de Charles era Erasmo Darwin, bien conocido en su época como científico de ideas poco usuales. Escribió sobre una gran variedad de ideas, como los viajes aéreos, la exploración mediante submarinos y la evolución.

A pesar de tener un padre erudito y un abuelo eminente, los primeros años de Charles no fueron nada excepcionales. Asistió a la Escuela de Shrewsbury, donde las clases principales eran los estudios clásicos, como el latín. Muchos años más tarde escribió: "Creo que mis maestros y mi abuelo me consideraban un muchacho muy vulgar, más bien por debajo de la inteligencia común."

El abuelo de Charles, Erasmo Darwin (1731-1802) escribía en verso sobre ideas científicas. Su poema El jardín botánico *describía el sistema de clasificación del reino de las plantas. En su obra* Zoonomía *expresó ideas acerca de cómo afecta el entorno a los seres vivos.*

Batalla contra un escarabajo

El joven Darwin descubrió algo que sí le interesaba: coleccionar animales, plantas, conchas, rocas y otros objetos de historia natural. Leyó el libro *Una historia natural de Selborne,* de Gilbert White, que le incitó a salir al campo, a observar y coleccionar.

Un día arrancó un trozo de corteza vieja de un árbol, y halló a dos extraños escarabajos, que cogió con cada mano. Entonces apareció un tercer escarabajo raro. No queriendo perderlo, Darwin se lo metió en la boca. Pero la reacción del escarabajo fue expulsar un líquido repugnante, ¡así que tuvo que escupirlo!

De la medicina a la religión

En 1825, Charles asistió a la Escuela Médica de Edinburgo. Pronto se dio cuenta de que la medicina no era para él. Encontraba las clases aburridas, y tenía que salir del quirófano porque no soportaba los horrores de la cirugía. (Esto sucedió algunos años antes de que se empezara a utilizar el primer anestésico, el cloroformo.) Así que dejó la medicina, para gran decepción de su padre, que organizó su segunda carrera. En 1828, Darwin fue a la Universidad de Cambridge para estudiar la Biblia y convertirse en pastor. Más tarde escribió: "No dudaba entonces en lo más mínimo acerca de la verdad estricta y literal de cada palabra de la Biblia."

Planes de expedición

A pesar de gustarle más cazar perdices que asistir a las clases, Darwin obtuvo el título de licenciado en letras, concretamente en teología, en Cambridge el año 1831. Hizo amistad con dos de los profesores, el geólogo Adam Sedgwick y el **botánico** John Henslow, y siguió cultivando su interés por las rocas, los fósiles, los animales y las plantas.

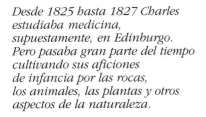

Desde 1825 hasta 1827 Charles estudiaba medicina, supuestamente, en Edinburgo. Pero pasaba gran parte del tiempo cultivando sus aficiones de infancia por las rocas, los animales, las plantas y otros aspectos de la naturaleza.

Darwin leyó entonces *Narración personal*, del explorador Alejandro von Humboldt. En lugar de hacerse pastor de inmediato, decidió organizar una expedición de historia natural a las islas Canarias. Por casualidad, la Armada Real inglesa estaba organizando a la vez una expedición científica al mando del capitán Robert Fitzroy. Este pidió al profesor Henslow que le recomendara a un naturalista para la expedición.

Henslow, conociendo el interés de Darwin, lo recomendó para el puesto. Al principio, el padre de Darwin se negó a proporcionarle el dinero que necesitaba, pero al fin lo convencieron de que aquélla era una excelente oportunidad para su hijo. El 27 de diciembre de 1831, Charles Darwin zarpaba en la **corbeta** real *Beagle*, de 235 toneladas. ¡Un grave mareo hizo perder a Darwin su emoción inicial!

Alejandro von Humboldt (1769-1859) fue un famoso explorador y científico alemán que viajó a Sudamérica, Norteamérica y Asia. Se interesaba por muchos campos científicos, desde la botánica hasta la astronomía (el estudio de los planetas y estrellas en el espacio), y escribió muchos libros, que se hicieron populares, para lectores no científicos.

Ideas sobre la evolución

Charles Darwin no fue el primero que pensó en la evolución, pues muchos otros habían considerado este asunto. Su obra le ayudó a formar las ideas acerca de cómo se producía la evolución.

• Su abuelo, Erasmo Darwin, expuso una vaga idea acerca de la evolución en su libro *Zoonomía*.

• El año que nació Darwin, el naturalista francés Jean Baptiste Lamarck propuso las primeras nociones científicas sobre el tema, la "transformación" como se lo llamaba entonces, en su libro *Filosofía zoológica*.

• El editor y geólogo aficionado Robert Chambers escribió, en 1844, *Vestigios de la historia natural de la creación*, aunque no admitió ser su autor. Sugería la idea de la evolución, y lo condenó, principalmente la iglesia.

Capítulo Dos

La vuelta al mundo en el Beagle

Mientras el *Beagle* cruzaba el Atlántico hacia Sudamérica, Darwin se recuperó gradualmente del mareo.

Al arribar a San Salvador, en Brasil, los ojos de Darwin se abrieron a las maravillas de la naturaleza. Su tarea consistía en recolectar especímenes de plantas, animales, rocas y fósiles, y en redactar informes y notas sobre cada lugar que visitaran. Pronto, el *Beagle* estuvo abarrotado de cajas con especímenes, que eran enviadas poco a poco a Inglaterra.

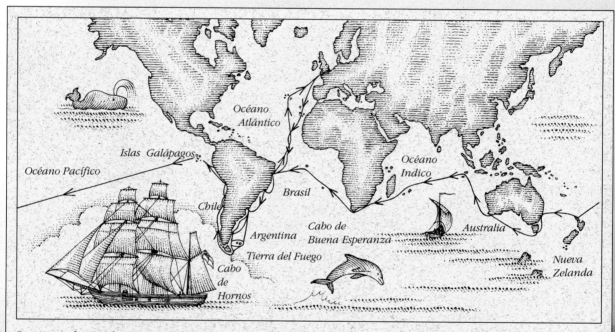

La Armada Real encargó al capitán Robert Fitzroy. (arriba) que diera la vuelta al mundo en el buque real *Beagle*. Viajaron a Sudamérica, doblaron el Cabo de Hornos y siguieron por la costa hacia las islas Galápagos. Cruzando luego el Pacífico, el buque arribó a Nueva Zelanda y Australia.

En cada lugar, Darwin se ocupaba de recolectar especímenes de la vida animal y vegetal. Desde el sur de Australia, el *Beagle* cruzó el océano Indico, dobló el Cabo de Buena Esperanza, regresó a Brasil, y desde allí volvió a Inglaterra. El viaje completo duró cinco años, 1831-1836.

El Beagle, *de diez cañones,
tenía unos 27,5 metros
(90 pies) de longitud,
pesaba 235 toneladas y había
sido botado en 1820.
Había hecho ya un largo viaje
a Sudamérica, siendo luego
revisado y reparado para su
expedición científica de cinco
años con Fitzroy y Darwin.*

Un primitivo dibujo de la osamenta del Megaterium. *Ésta enorme criatura, de 6 metros de longitud, vivió desde hace algunos millones de años hasta, quizá, hace algunos miles de años.*

Bosques y fósiles

Darwin quedó asombrado tras sus primeros paseos por la selva tropical, y escribió acerca de la "exuberancia general de la vegetación... la elegancia de los pastos, la novedad de las plantas **parásitas**, la belleza de las flores, el verde lustroso del **follaje**..."

Encontró la enorme cabeza fosilizada de un perezoso gigante extinguido, el *Megaterium*. Prosiguiendo el viaje, descubrió después, en Puerto San Julián, en la Patagonia, fósiles de otra criatura gigante que se parecía a la llama, aunque mucho mayor.

Poco a poco, empezaron a surgir preguntas en su mente. ¿Por qué se habían extinguido ciertos tipos de criaturas, como el perezoso gigante y la enorme llama? Los perezosos y las llamas ordinarios vivían todavía en Sudamérica. Parecía haber algún tipo de relación entre los fósiles y las criaturas vivas.

La selva tropical, donde el calor y la humedad se combinan para producir una increíble abundancia y variedad en la naturaleza.

Ganaderos sudamericanos levantando el campamento para pasar la noche en la pampa. Darwin advirtió que, donde pastaba el ganado, crecían distintos tipos de hierba.

La fuerza del cambio

Mientras el *Beagle* navegaba hacia el Sur, Darwin empezó a preguntarse acerca del cambio en el mundo natural. En Argentina observó que la tosca hierba de la **pampa** dejaba de crecer en las zonas donde pastaba ganado. La nueva hierba era más pequeña y más fina. El apacentamiento y los excrementos del ganado parecían haber cambiado la hierba natural de la pampa, o sólo permitían crecer otros tipos de hierba.

En el extremo de Sudamérica, en Tierra del Fuego, el capitán Fitzroy devolvió a tierra a tres nativos que había capturado en un viaje anterior, como rehenes a cambio de una barca robada. Darwin se maravilló de que los nativos pudieran vivir en medio de la nieve y el aguanieve sin más protección que unas cuantas pieles de animales. Dormían sobre el húmedo suelo, a la intemperie. Escribió: "La naturaleza ha adaptado a los habitantes de Tierra del Fuego al clima y a los productos de su mísero país." Fue ésta una primera referencia sobre cómo cambiaban o se adaptaban los seres vivos (en este caso humanos) a su entorno.

El registro en las rocas

Charles Darwin recolectó muchos fósiles durante su viaje. Se sabía que éstos eran restos de animales y plantas muertos hacía mucho tiempo. La teoría bíblica era que se habían formado después de una gran catástrofe, como el diluvio de Noé, que mató a la mayor parte de los seres vivos.

Resultaba difícil de comprender el hecho de que los fósiles de los estratos más profundos de roca fueran muy extraños, mientras que los de las capas más superficiales eran bastante similares a las especies actuales. El gran experto francés en fósiles, el Barón Georges Cuvier, lo explicaba diciendo que había una serie de catástrofes divinas. Cada una de ellas borraba del mapa toda forma de vida. Entonces se creaba una selección nueva y perfeccionada de animales y de plantas para que poblara la tierra.

El cambio continuo

En *Los principios de la geología* (1830-1833), Charles Lyell escribió sobre el principio de uniformismo. Esto quiere decir, que procesos que hoy contemplamos en la naturaleza, como costas que son borradas por el mar, o terremotos que originan gigantescos movimientos de tierras, también sucedían en el pasado. A lo largo de mucho tiempo modelaron la tierra que hoy vemos. Esto nos puede parecer evidente hoy día, pero en aquella época suponía una idea nueva.

Darwin leyó el libro de Lyell. Se dio cuenta de que los cambios en el mundo vivo que observaba durante su viaje podían haber sucedido también en el pasado. Al igual que cambia el entorno, así también podían cambiar los animales y las plantas. Los escritos de Lyell fueron muy importantes para él, pues así empezó a concebir ideas sobre la evolución.

Terremoto en Chile

La expedición del *Beagle* siguió a lo largo de un estrecho de 2000 kilómetros en la costa de Sudamérica, desde Río de la Plata hasta Tierra del Fuego, estudiando estratos de rocas. Darwin las midió y advirtió que las mismas rocas se elevaban en el Sur más de cien metros sobre el nivel del mar con respecto a las del Norte. Todo el continente parecía inclinado. ¿Se había movido desde que se formó?

El buque dobló el Cabo de Hornos y navegó hacia el Norte a lo largo de la costa este de Sudamérica. El 20 de febrero de 1835, un gran terremoto asoló la región. Al entrar en el puerto de la Concepción, en Chile, Darwin contempló los terribles estragos que causó. También observó que las rocas en torno al puerto se habían alzado lo menos un metro, debido a los corrimientos de tierras. Los crustáceos y las algas, que normalmente se hallaban próximos al agua, estaban ahora en altura y secos. ¿Podrían relacionarse esos cambios catastróficos en el entorno con la transformación de las plantas y los animales?

Una zarigüella de Argentina, uno de los numerosos animales descritos por Darwin en sus viajes. Las zarigüellas americanas figuran entre los escasos tipos de marsupiales (animales con bolsa) que viven fuera de Australia.

Capítulo Tres
La evolución en el Ecuador

En 1835, el *Beagle* abandonó Sudamérica y navegó a través del océano Pacífico. A casi 1000 kilómetros del continente, atracó junto a un grupo de trece pequeñas islas rocosas en el Ecuador. Eran las islas Galápagos.

Darwin quedó enseguida asombrado de la extraña naturaleza de los pájaros, los reptiles y otros animales. Nunca antes había visto aquellas especies: parecían privativas de las islas. Sin embargo, tenían un gran parecido con las especies del continente sudamericano.

Tortugas y pinzones

Aún más extraño: cada isla tenía un tipo propio de cada animal. Un ejemplo eran las tortugas gigantes, que pesaban más de 200 kilos y que los marineros del buque montaban como si fuesen caballos. Los nativos podían distinguir, por la forma de su concha, de qué isla procedía cada tortuga.

Había también un tipo distinto de sinsonte (un pájaro) en cada isla. Muchas de las flores eran también privativas de cada isla, aunque similares entre sí.

Las tortugas gigantes vivían en muchas islas del Pacífico aparte de las Galápagos. Hoy son, en general, muy escasas y están protegidas por ley.

Ciertas zonas de las Galápagos son muy rocosas y dentadas. Las islas se formaron a partir de volcanes submarinos. La vida vegetal y animal empezó en ellas hace un millón de años.

Darwin quedó particularmente intrigado por un grupo de pájaros, los pinzones. Eran, en su mayoría, pequeños y de color pardo. Pero cada especie tenía un tamaño y la forma del pico ligeramente diferentes, lo que significaba que podía acceder a un tipo determinado de alimento. Darwin escribió en su cuaderno de notas: "Cabría imaginar realmente que, debido a una **escasez** original de pájaros en el **archipiélago**, se tomó a una especie y se la modificó con diversos fines." La idea de la evolución empezaba a arraigar.

Una iguana marina tomando el sol. Estos singulares lagartos se sumergen en aguas poco profundas y se alimentan de algas. Esta procede de la isla Hood.

Grabado de una orquídea púrpura hallada en las islas Galápagos. Darwin halló también gran variedad de orquídeas en las islas.

Los pinzones de Darwin

Las 13 especies de pinzones de las Galápagos no viven en ningún otro lugar del mundo. Cada una de ellas tiene un tipo particular de pico, adecuado para una determinada clase de alimento. Por ejemplo:

1. El gran pinzón de tierra tiene un enorme pico triturador para romper semillas duras.

2. El pinzón pequeño de tierra tiene un pico menor, aunque fuerte, para romper pequeñas semillas duras.

3. El pinzón de los cactus tiene un pico largo y curvo para meterlo en las flores de los cactus y extraer el néctar y las semillas.

4. La curruca tiene un pico largo y fino para introducirlo en rajas y apresar insectos.

Hoy se considera a estos tipos de pinzones como un ejemplo típico de la evolución. Las islas Galápagos se formaron, a partir de volcanes submarinos, hace sólo unos cuantos millones de años. Se cree que unos cuantos pinzones procedentes de Sudamérica aterrizaron allí, arrastrados por alguna tormenta. Al haberse establecido ya otros animales y plantas, los pinzones encontraron abundante alimento. La especie original evolucionó, dando lugar a numerosas especies diferentes. Cada una se adaptó a una determinada fuente alimenticia, de manera que no necesitaran competir entre sí.

Los maoríes vivían en Nueva Zelanda mucho antes de que llegaran allí los europeos. Estos piragüistas de Milford Sound, Isla del Sur (izquierda), buscan alimento en el mar, como peces y mariscos. Este maorí (abajo) fue fotografiado en 1847, pocos años después de la visita de Darwin. Su capa bordeada de plumas indica que es el jefe de su grupo.

Las islas de coral del Pacífico

El *Beagle* prosiguió su navegación a través del Pacífico hasta Tahití, donde Darwin se enamoró de sus cumbres brumosas, plantas tropicales, animales de colores y el estilo de vida natural de los nativos.

El viaje prosiguió hacia Nueva Zelanda y Australia, donde le conmocionaron las terribles condiciones de vida de los nativos. Los colonos ingleses los habían dominado y convertido en esclavos en sus propias tierras. Esto pareció confirmar sus observaciones sobre el mundo animal: que el más fuerte se imponía siempre al más débil.

En el océano Indico, Darwin, ahora experto viajero y coleccionando aún especies por centenares, concibió una teoría acerca de cómo se formaban los **arrecifes** y **atolones** de coral (página 17).

Capítulo Cuatro
El regreso a Inglaterra

El *Beagle* y su tripulación regresaron a Falmouth el 2 de octubre de 1836. Darwin pasó los siguientes años ocupado en organizar y catalogar su vasta colección de plantas, animales, rocas y fósiles. Le ayudó Sir Richard Owen, quien más tarde se convertiría en uno de sus principales oponentes (página 21).

En 1838, Darwin se casó con su prima Emma Wedgwood. Al año siguiente, su libro *Diario de a bordo de las investigaciones sobre la historia natural y la geología de los países visitados durante su viaje alrededor del mundo por el buque real Beagle* fue un rotundo éxito, a pesar de su largo título. Se había convertido en miembro de la *Royal Society*. Ese mismo año, respetado como científico y como autor, se trasladó a *Down House*, cerca de Bromley, en Kent, donde vivió el resto de su vida.

La joven Emma Wedgwood, que se casó con Darwin. Entre sus diez hijos se contaron el botánico Sir Francis Darwin y el matemático Sir George Darwin.

Down House, en Kent, residencia de Charles Darwin y de su familia durante más de 40 años.

Formaciones coralíferas

En época de Darwin había varias ideas acerca de cómo se formaban las islas de coral. Una era que los atolones circulares de coral crecían alrededor del cerco de un volcán sumergido. Otra era que los pétreos "esqueletos" con forma de copa de los minúsculos animales de coral crecían y se acumulaban desde el fondo marino hacia arriba.

Darwin utilizó su capacidad para observar y seleccionar los hechos vitales. Advirtió que los corales crecían únicamente en los bajíos, no en aguas profundas. Razonó que una montaña submarina, cuya cumbre sobresalía del agua, se hundía poco a poco. Los corales, al intentar permanecer en los bajíos iluminados por el sol, construían sus pétreos esqueletos generación tras generación. Según iba hundiéndose la montaña, el arrecife rocoso se volvía más espeso.

isla

el nivel de agua sube

borde coralífero

Hay tres etapas en la formación de un atolón de coral.
Las condiciones favorables para su formación son: aguas poco profundas y cálidas, abundancia de luz solar y nutrientes.

una barrera de arrecife se forma al crecer el coral

el atolón queda formado

El trabajo en Down House

Durante las décadas de 1840 y 1850, Darwin prosiguió su investigación y sus escritos en Down House. Durante algún tiempo volvió a su primer amor, la geología.

Durante el viaje del *Beagle,* las lagunas de coral de las islas Cocos, en el océano Indico, le habían hecho pensar sobre cómo se formaban aquellas grandes estructuras de piedra caliza. Su libro *Estructura y distribución de los arrecifes de coral* se publicó en 1842. Dos años más tarde publicó *Observaciones geológicas sobre las islas volcánicas,* y otros dos años después, *Observaciones geológicas sobre Sudamérica.*

Con el tiempo, su salud empezó a flaquear. Solamente podía realizar unas pocas horas de trabajo diario, así que se aficionó a pasear por el jardín de su casa y en carruaje. No se diagnosticó su enfermedad, aunque pudo haberse tratado de alguna afección tropical como el **mal de Chagas**, que debió de coger durante su viaje alrededor del mundo.

Joseph Hooker (1817-1911) sucedió a su padre, William, como director de Kew Gardens. Viajó a la India y a los Himalayas (donde aparece en la fotografía inferior) y llevó de vuelta a Inglaterra muchas plantas, incluyendo, en 1849, el ahora tan conocido rododendro.

Un destello de inspiración

A pesar de su mala salud, Darwin prosiguió sus investigaciones sobre la idea de la evolución. Cada vez se convencía más de que las especies no eran fijas e **inmutables,** sino que cambiaban. Había escrito una versión corta de sus ideas en 1842, aunque decidió reunir toda la información que pudiera, por pequeña que fuera, y escribir un extenso libro con cantidad de pruebas a favor de su teoría. Incluso habló con criadores de palomas acerca del modo en que mezclaban éstas para crear nuevos tipos de palomas. Era ésta una forma de "selección **artificial**".

Pero ¿cómo cambiaban las especies en la naturaleza? ¿Qué fuerza las hacía alterarse gradualmente con el tiempo? Un día que paseaba en carruaje, Darwin dio con la idea de la selección natural. Era igual que la selección artificial, salvo que era la naturaleza quien seleccionaba (página 23).

"Confesar un asesinato"

Durante muchos años, Darwin fue reacio a publicar sus ideas sobre la evolución por selección natural. Implicaba ésta que los animales y las plantas evolucionaban de una manera natural. Creía ahora que Dios no los había creado. Sin embargo, la mayoría de la gente, incluyendo a muchos científicos, creía todavía en aquella época en la verdad de la Biblia.

En 1844 escribió a su buen amigo Joseph Hooker, director de los Reales Jardines Botánicos en Kew, Londres. Le explicó sus preocupaciones: "Estoy casi convencido (contrariamente a mi opinión inicial) de que las especies no son (es como confesar un crimen) inmutables". Al igual que el científico italiano Galileo dos siglos antes, Darwin sabía que expresarse en contra de las enseñanzas aceptadas de la Biblia resultaría sin duda ofensivo y provocaría un vendaval de protestas.

Puede que nunca hubiera culminado Darwin su trabajo, de no ser por una carta que llegó a Down House en junio de 1858, procedente de Malaya.

Malthus y la lucha por la existencia

Darwin se sintió muy influido por un libro titulado *Ensayo sobre el principio de la población* (1798), de Thomas Malthus, sacerdote, matemático y economista. Malthus decía que la población humana no podía seguir creciendo indefinidamente. Algún día nos quedaríamos sin alimentos, espacio vital y otras cosas que necesitamos para vivir. Se produciría entonces una "lucha por la existencia", en la que sólo los más fuertes y mejor capacitados sobrevivirían. Describía tres "males" que reducirían nuestra población: la guerra, el **hambre** y la enfermedad. Darwin tomó la idea de Malthus de la "supervivencia de los más aptos" y la aplicó a los animales y a las plantas en la naturaleza.

Charles Darwin trabajando en su estudio de Down House. *A finales de las décadas de 1840 y 1850 se interesó mucho por los pequeños animales de litoral llamados percebes, y los estudió en detalle durante ocho años.*

19

Capítulo Cinco
El libro que conmocionó al mundo

La carta procedía de otro naturalista inglés, Alfred Wallace. Este sabía que Darwin estaba interesado en la evolución. Así que adjuntó a su carta un resumen de esa teoría, titulado *Sobre la tendencia de las variaciones a alejarse indefinidamente del tipo original.*

Darwin se quedó asombrado. Todo el trabajo que había hecho con tanta paciencia durante los últimos veinte años estaba claramente definido por Wallace. Comentó: "Incluso sus términos (los de Wallace) figuran como títulos de mis capítulos".

Sus colegas, los científicos Lyell y Hooker, aconsejaron que Darwin y Wallace leyeran sus obras, lo antes posible, ante una asamblea científica. Sucedió esto en la Sociedad de Linneo, en Londres, en julio de 1858. Wallace estuvo entonces de acuerdo en que Darwin debía seguir desarrollando la teoría, mientras él quedaría aparte. Así lo hizo Darwin, concluyendo rápidamente su gran libro, que se publicó el 24 de noviembre de 1859, con el título de *El origen de las especies.*

Alfred Wallace

Alfred Wallace viajó extensamente por Sudamérica y el lejano Oriente, coleccionando especímenes para museos. Al igual que Darwin, se había asombrado de la fabulosa variedad de vida en los bosques tropicales, y se preguntaba cómo habría llegado a ser así. Mientras descansaba de una fiebre en su campamento, recordó el mismo libro de Malthus que Darwin conocía. Tuvo el mismo destello de inspiración y concibió la idea de la evolución por selección natural: "En general, el mejor dotado es el que sobrevive. De los efectos de la enfermedad escapaban los más sanos; de los enemigos, los más fuertes, los más rápidos o los más astutos; del hambre, los mejores cazadores o aquellos que pueden hacer mejor la **digestión**, etc."

Alfred Wallace trabajó primero como agrimensor para las nuevas vías férreas en Inglaterra. A los 25 años empezó a viajar y recolectar nuevos tipos de animales y de plantas, adentrándose en las selvas de Sudamérica y del Sureste asiático.

Charles Darwin, y sus nuevas ideas, se convirtieron en objeto de muchos chistes y viñetas satíricas. Según puede verse en estas caricaturas, sus teorías no fueron bien comprendidas. La gente creyó que los humanos habían evolucionado a partir de los simios actuales (no a partir de simios extinguidos hacía mucho), ¡e incluso a partir de los actuales gusanos!

Reacción al Origen de las Especies

El editor del libro de Darwin, John Murray, lo leyó antes de imprimirlo y comprendió que provocaría un gran alboroto. Solamente se hicieron 1250 copias, que se vendieron casi inmediatamente, así que hubo que sacar una segunda edición.

La gente se sintió realmente ultrajada. ¡Darwin negaba la verdad de la Biblia! Los científicos hacían cola para emitir su opinión. Sus antiguos colegas, como el famoso naturalista Philip Gosse, Richard Owen (quien le había ayudado con los especímenes del *Beagle*) y Adam Sedgwick (su profesor en Cambridge) le volvieron la espalda. Louis Agassiz, profesor de la Universidad de Harvard y seguidor de Cuvier, lo criticó en Norteamérica. Un sacerdote llamó al apacible y bondadoso Darwin "el hombre más peligroso de Inglaterra".

Otros, sin embargo, reconocieron rápidamente la sabiduría de las ideas de Darwin y la enorme cantidad de pruebas que apoyaban a aquéllas. El biólogo Thomas Huxley habló en su favor en Inglaterra, así como Hooker y Lyell. El profesor de botánica en la Universidad de Harvard, Asa Gray, fue su gran defensor en Norteamérica. El propio Darwin permaneció en Down House y participó escasamente en las discusiones.

¿Un padre simio?

Hay un malentendido sobre el *Origen de las especies* que concierne a nuestra propia evolución. Los periódicos y caricaturas populares decían que Darwin sugería que los humanos descendían de los simios actuales, como los gorilas o los chimpancés. Esto no era cierto. Lo único que mencionó al respecto fue: "Mucho se aclarará sobre el origen del hombre y sobre su historia."

*Sólo quedan vivas hoy día
dos clases de elefantes: el africano
y el asiático. Pero los fósiles
demuestran que, en el pasado,
había muchos otros miembros
de la familia de los elefantes.*
(1) Moeniterium: *pequeño animal
que vivió hace unos 35 millones
de años.*
(2) Trilofodon: *animal de larga
quijada que vivía en Africa,
Norteamérica y Eurasia hace
unos 20 millones de años.*
(3) Platibelodon: *un tipo
de elefante con colmillos en forma
de pala que vivió hace 10 millones
de años.*
(4) El mamut imperial: *el tipo
más grande de la familia
de los elefantes, con colmillos
iguales a los del moderno elefante
africano.*
(5) El mamut *vivió hace un millón
de años. La evolución partía
de la forma del elefante básico
y adaptaba cada tipo
a las condiciones del momento.
Por ejemplo, el mamut imperial
tenía pelo muy largo para
protegerse y sobrevivir al frío
intenso de la última Glaciación.*

La evolución por selección natural

Evolución significa, simplemente, cambio. Los animales y las plantas cambian con el tiempo. Darwin entendió que era la naturaleza quien seleccionaba. La teoría dice así:

Reproducción. Los padres tienen descendencia similar a ellos y diferente de otras especies. Los tigres tienen cachorros de tigre, los leones tienen cachorros de león, etc.

Demasiada descendencia. No todos los hijos pueden sobrevivir. Darwin calculó que, en 750 años, una pareja de elefantes tendría 19 millones de descendientes, si todos ellos sobrevivían.

Variación. No todos los hijos son iguales. Hay ligeras diferencias de altura, fortaleza, color u otros rasgos. En cada generación surgen nuevas variaciones.

Selección natural. La vida es una lucha para hallar alimento, espacio vital, pareja y otros elementos esenciales. Algunos rasgos pueden ayudar en esa lucha, como dientes más afilados en un cazador, o más semillas en una flor. Estos rasgos hacen que el individuo sea más apto, o esté mejor adaptado a su entorno. Mejoran sus oportunidades para sobrevivir y reproducirse.

Herencia. Si se **hereda** un rasgo útil, la descendencia de ese animal o planta lo tendrá también. Les ayudará a sobrevivir y a dejar tras sí una descendencia aún mayor, que también tendrá dicho rasgo.

Evolución. A base de largos períodos de tiempo, y de muchas generaciones, los rasgos que mejoran la supervivencia se vuelven más comunes en una especie, la cual cambia.

El origen de las especies. Las especies que están mejor adaptadas a su entorno, vencen gradualmente. Las que no pueden adaptarse se extinguen. Al transformarse el entorno, las especies están siempre evolucionando e intentando adaptarse a él.

¿Qué se dice en el Origen?

El origen de las especies por medio de la selección natural, o la preservación de razas favorecidas en la lucha por la vida es un libro largo aunque de amena lectura. Empieza por considerar la "variación en los animales **domésticos**", incluyendo a las palomas, los caballos y las flores de jardín. Se ocupa luego de la variación en la naturaleza y de los problemas para identificar a una especie. Demuestra que los hijos de unos padres son similares, aunque ligeramente diferentes. Estas ligeras variaciones podían proporcionar a un individuo una oportunidad mayor para conseguir permanecer vivo. Los capítulos 6 y 7 tratan de "las dificultades de la teoría y objeciones a ella" El capítulo 8 trata de los instintos animales, y los últimos capítulos, de los fósiles y de las zonas geográficas de las especies. Darwin encuentra pruebas en todo tipo de animales y de plantas, desde los ratones a los elefantes, desde los espárragos hasta los **bosques de aliagas**. Sin embargo, nunca explica el origen de ninguna especie en particular.

La domesticación

Las ovejas fueron domesticadas hace más de 10.000 años. Son necesarias por su lana, leche y carne. Arriba figura una oveja doméstica australiana, criada especialmente para producir lana y carne. Abajo figura otro tipo de oveja criada para producir leche y carne. Los criadores utilizan la selección artificial para crear centenares de variedades de ovejas.

4

5

Capítulo Seis

La batalla por la aceptación

El origen de las especies conmocionó e irritó a mucha gente, incluyendo a la propia familia de Darwin. Aceptar la teoría de la evolución significaba admitir que el relato de la Biblia sobre la creación de las especies animales y de plantas no era cierto. Muchos científicos lucharon por creer en ambas ideas. No obstante, la teoría de la evolución por medio de la selección natural ganó terreno gradualmente, y la mayoría de los científicos comprendió que Darwin tenía razón.

Darwin no se retiró después de *El origen de las especies*. Prosiguió sus estudios e investigaciones, y continuó con sus experimentos y observaciones de la naturaleza en Down House y sus alrededores. En 1871 publicó *La descendencia del hombre y la selección en relación al sexo*. Llegaba en éste a la conclusión de que los humanos no son el resultado de una creación especial, sino que han evolucionado como los demás animales. Sus antepasados podían remontarse muy lejos en la prehistoria. En último lugar, todos los seres vivos descienden del **filamento de la vida**, que su abuelo Erasmo había mencionado en sus escritos.

La cornamenta de un ciervo y la cola del pavo real son ejemplos de selección sexual, una forma de selección natural. Las hembras eligen como pareja al macho que tiene los rasgos más impresionantes, y la descendencia masculina hereda esos rasgos. Durante largo tiempo, los ciervos machos desarrollaron cornamentas más grandes para impresionar a las ciervas. Las hembras de pavo real eligen a los machos que tienen las colas más espectaculares.

La selección sexual

La selección natural dice que los rasgos de un ser vivo (su tamaño, forma, color, órganos internos, química corporal, comportamiento, etc) evolucionan para aumentar sus oportunidades de supervivencia. Pero algunos rasgos parecen reducir estas oportunidades. Sin duda, las espléndidas y tornasoladas plumas de la cola de un pavo real se engancharían en la maleza, o llamarían la atención de los predadores y resultarían un estorbo.

Darwin lo explicó por medio del proceso de selección sexual. Las hembras de pavo real se sienten atraídas por el macho, y se aparean con él, gracias a las impresionantes plumas de su cola. El macho transmitirá ese rasgo a su descendencia. Es importante sobrevivir, pero es también vital dejar descendencia.

Charles Darwin se hizo muy famoso en sus últimos años. Los principales científicos lo visitaban, aunque prefería llevar, generalmente, una vida tranquila con su mujer y su familia en Down House.

Los años finales

En la década de 1870 la salud de Darwin mejoró, y en 1877 se le concedió un título especial por la Universidad de Cambridge. Siguió escribiendo libros sobre las plantas devoradoras de insectos, sobre cómo crecen y se mueven las plantas, y sobre el modo en que los gusanos de tierra aceleran la descomposición y enriquecen el suelo; son "los primeros jardineros de la naturaleza".

Después de un suave infarto en diciembre de 1881, Darwin murió pacíficamente en Down House el 19 de abril de 1882, a la edad de 73 años.

La tormenta de protestas sobre *El origen de las especies* se había extinguido. Charles Darwin se había convertido en un personaje nacional y en uno de los nombres científicos más conocidos de todos los tiempos. Fue enterrado en la Abadía de Westminster, en Londres, cerca del gran Isaac Newton. Al funeral asistió gran cantidad de políticos, inventores, exploradores, científicos y artistas, así como miembros de las sociedades científicas de numerosos países.

Capítulo Siete
Después de Darwin

La obra de Darwin explicaba por qué los animales y las plantas tienen los rasgos que tienen. Daba sentido al gran esquema para agrupar y **clasificar** a las especies, concebido principalmente por Carlos Linneo en el siglo XVIII. Ciertos grupos de especies son similares porque están emparentados cercanamente, al haber evolucionado a partir de un mismo antepasado.

También explicaba los fósiles. Eran animales y plantas muertos hacía mucho tiempo, muchos de los cuales habían perdido la batalla y se habían extinguido. Sin embargo, algunos de ellos evolucionaron, dando lugar a especies diferentes, que lograron sobrevivir durante algún tiempo. Los fósiles nos revelan el rastro de estas pautas de evolución a lo largo del tiempo.

Beneficios prácticos

La teoría de la evolución por medio de la selección natural tuvo muchos resultados prácticos. Estimuló la investigación y el trabajo de campo, y proporcionó a los científicos una base sobre la que proyectar sus experimentos y hacer observaciones. Al estudiar cualquier rasgo de una planta o de un animal, el biólogo se pregunta: "¿Para qué sirve? ¿De qué modo ayuda a la supervivencia y a la reproducción?"

Mendel y la herencia

Un problema que siempre admitió Darwin era que nadie sabía cómo se transmitían los rasgos de padres a hijos. ¿Por qué tenían los hijos algunos de los atributos de los padres, pero no todos? ¿Y por qué variaban entre sí los hijos ligeramente?

En la época en que *El origen de las especies* originó tanto alboroto, un monje austríaco estaba experimentando con guisantes en el tranquilo jardín de un monasterio en Brno. Su nombre era Gregor Mendel, y su obra suponía el inicio de la moderna ciencia **genética**. Explicaba por qué se heredaban determinados rasgos, regulados por lo que hoy llamamos **genes**. Mostraba cómo se mezclan y cambian (o transforman) los genes de una generación a la siguiente. La obra de Mendel no fue reconocida hasta, aproximadamente, 1900. Resolvió muchos enigmas sobre la herencia, y despejó ciertas lagunas en la teoría sobre la evolución.

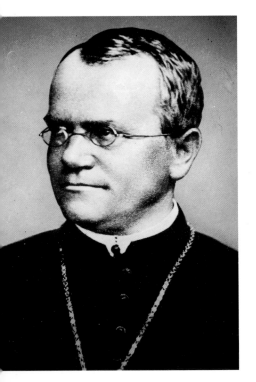

Gregor Mendel hizo numerosos experimentos con guisantes. Observó cómo se transmitían rasgos como el color amarillo o verde, o la piel suave o arrugada, de una generación a otra de plantas de guisantes, año tras año.

Neodarwinismo

En época de Darwin, la teoría de la evolución por medio de la selección natural llegó a conocerse como darwinismo. Hoy día se llama a veces neodarwinismo (nuevo darwinismo) a la teoría más completa que tenemos sobre la evolución. Combina ésta la selección natural con la teoría de la **herencia** expuesta en la obra de Mendel, y con avances más recientes como la naturaleza de la mutación (o cambio) y el descubrimiento del **ADN**.

Una imagen coloreada artificialmente de una partícula de ADN, la sustancia que transmite los rasgos de padre a hijo.

Las instalaciones de investigación científica Charles Darwin, en las Galápagos, recibieron tal nombre en memoria del más famoso visitante de la isla. Hoy día, las islas pertenecen a Ecuador.

Evolución a trompicones

La evolución requiere, generalmente, un tiempo muy largo. Se produce durante centenares de generaciones y millares o millones de años. Muchos científicos consideraron que era un proceso gradual y continuo.

En la década de 1970, una nueva teoría indicó que la evolución puede producirse a menudo a trompicones. Las especies permanecen inmutables durante largos períodos de tiempo. Luego cambian rápidamente en un impulso evolutivo, en un tiempo relativamente corto, antes de asentarse de nuevo. Se llama a esta teoría equilibrio interrumpido. Puede que tenga importancia en ciertos grupos de animales o de plantas, aunque aún se discute sobre ello.

El mundo en la época de Darwin

	1800-1825	**1826-1850**
Ciencia	**1801** Jean-Baptiste Lamarck publica las primeras ideas sobre la evolución. **1809** Nace Charles Darwin. **1825** La *Locomotora nº 1*, de George Stephenson, inicia el primer servicio regular de ferrocarril a vapor.	**1842** Richard Owen inventa el término "dinosaurio". **1844** Robert Chambers es el autor secreto de *Vestigios de la creación*. **1846** Se descubre el planeta Neptuno.
Exploración	**1820** Avistan la Antártida por vez primera, separadamente, un ruso, un americano y un inglés. **1824** Una exposición sobre restos aztecas asombra a Londres.	**1848** Henry Bates parte para el Amazonas, donde colecciona unas 14.000 especies de insectos en siete años.
Política	**1804** Napoleón se convierte en Emperador de Francia. **1815** El Duque de Wellington derrota a Napoleón en la batalla de Waterloo. **1822** Se funda el imperio del Brasil. **1825** Los indonesios se rebelan contra los holandeses en la guerra de Java.	**1830** Bélgica se convierte en país independiente. **1837** Coronación de la Reina Victoria en Inglaterra. **1842** "Guerra del opio" en extremo Oriente, Gran Bretaña toma Hong Kong.
Arte	**1817** Lord Byron escribe *Oscuridad*, después de la enorme explosión de Tambora, en Indonesia, que oscurece los cielos del mundo entero durante un año. **1823** Ludwig von Beethoven termina su Novena Sinfonía.	**1830** Eugene Delacroix pinta *La libertad guiando al pueblo*. **1831** Katsushika Hokusai termina su serie *Seis vistas del monte Fuji*. **1840** Charles Barry proyecta y edifica el Parlamento de Londres (terminado en 1865).

1851-1875	1876-1900

1859 Se publica *El origen de las especies*.

1869 Dimitri Mendeleev presenta la primera lista periódica de elementos químicos.

1876 Alexander Bell patenta su invento, el teléfono.

1879 Luis Pasteur hace descubrimientos que conducirán a las vacunas contra numerosas enfermedades.

1882 Muere Charles Darwin.

1860 John Speke descubre las fuentes del "Nilo blanco"

1862 John Stuart es el primero en conseguir atravesar Australia por tierra.

1871 Henry Stanley encuentra a David Livingstone a orillas del lago Tanganica, en Africa.

1879 Adolf Nordenskjold atraviesa en barco el pasaje Noreste, siguiendo las costas árticas de Europa y de Asia.

1861 Los diversos estados italianos se aúnan para constituir un único país.

1861 Empieza la Guerra Civil en Norteamérica.

1867 Karl Marx publica *El capital*.

1871 Se constituye Alemania como país.

1882 Los políticos interrumpen la construcción del primer túnel en el Canal de la Mancha entre Inglaterra y Francia.

1897 La Reina Victoria celebra el 60 aniversario de su reinado.

1851 La Reina Victoria inaugura el Crystal Palace durante la Exposición Universal de Londres.

1865 Julio Verne publica *De la Tierra a la Luna*.

1874 Richard Wagner culmina su gran serie de óperas: *El anillo de los nibelungos*.

1879 Se descubren en España las pinturas de la cueva prehistórica de Altamira, de más de 10.000 años de antigüedad.

1883 Robert Louis Stevenson escribe *La isla del tesoro*.

1894 Se publica *El libro de la selva* de Rudyard Kipling.

Glosario

ADN: ácido desoxirrebonucleico, elemento químico que forma los *genes* que se transmiten de padres a hijos.

archipiélago: grupo de islas e islotes

arrecife: rocas dentadas, a nivel del agua o justo por debajo de éste. Normalmente tardan millares de años en formarse a base de los esqueletos en forma de copa de millones de minúsculos animales de coral, como la anémona.

artificial: no natural, sino hecho por el hombre. En la selección artificial, las personas seleccionan a los animales que quieren aparear para producir nuevas variedades. En la selección natural es la naturaleza quien hace la elección.

atolón: isla o islas, bajas y con forma de anillo, en el océano. A la zona de agua que hay en medio se la llama laguna.

bergantín: tipo de barco con dos mástiles y velas cuadradas.

botánico: persona que estudia las plantas, desde las algas y el musgo hasta las flores y los árboles.

clasificar: distribuir cosas en grupos, los cuales se distribuyen luego en grupos más amplios, etc. Todos los animales con pelo y sangre caliente se clasifican como mamíferos.

digestión: proceso de cortar, masticar y reducir el alimento a una pasta de minúsculos trozos, para que el cuerpo los absorba.

domesticación: proceso por el cual se vuelve mansos a los animales salvajes, y útiles para los humanos: en la granja, para cazar o como animales de compañía (ver *artificial*). Los humanos han domesticado a las ovejas, las cabras, las vacas, los bueyes, los caballos, los perros, los gatos, ciertos peces y muchas otras criaturas.

escasez: pobreza o falta, lo contrario de abundancia.

especie: grupo de animales o de plantas que han sido *clasificados* en conjunto. Los miembros de una especie pueden aparearse entre sí, pero no con los miembros de otras especies.

evolución: cambio en el tiempo, especialmente en los animales y las plantas.

filamentos de la vida: nombre popular atribuido a los primeros tipos de vida, como hilos informes y microscópicos, que surgieron en la tierra.

fósiles: huesos, dientes, conchas, cortezas y otros antiguos restos de seres que vivieron hace mucho tiempo, los cuales se han convertido en piedra y se conservan en las rocas.

genes: microscópicas piezas de elementos químicos (ver *ADN*) que transmiten información codificada, la cual indica a un animal o planta cómo crecer y vivir.

genética: estudio científico de cómo se transmiten los rasgos de padres a hijos, y también de cómo cambian. En los humanos, estos rasgos incluyen el color de los ojos, la piel y el pelo. Ver también *herencia*.

hambre: inanición a gran escala, cuando muchas personas enferman y mueren por falta de alimento.

herencia: cuando se transmiten o heredan, de padres a hijos rasgos como el color de los ojos o del pelo (ver *genes*).

inmutable: fijo, que no cambia.

mal de Chagas: enfermedad de las regiones tropicales de Sudamérica. La produce un animal microscópico que se multiplica en el cuerpo y que se propaga con los excrementos de ciertos insectos. Un animal similar causa en Africa la enfermedad del sueño.

matorrales de aliagas: otro nombre de los matorrales espinosos de aulagas, que tienen hojas verdes y puntiagudas, y flores amarillas.

medición topográfica: estudio y alzado de mapas de una zona para determinar sus colinas, valles, costas, lagos e islas. Puede sumarse a ella el estudio de los tipos de terreno y de rocas en su superficie, y de las plantas y animales que en ella viven.

naturalista: persona que estudia a los animales, las plantas, las rocas y otros aspectos de la naturaleza.

pampa: pastos de Sudamérica, similares a las praderas de Norteamérica, a la sabana africana y a las estepas de Asia.

parásito: ser vivo que «roba» el alimento a otro, como la pulga, que sorbe la sangre, o una planta parásita como el muérdago.

Indice